順天府志卷之三目録

建置

建置類小言

清朝創造，冠軼百王。經營畿輔，制更精詳。綜覈今古，儀型四方。因時沿革，名實相當。列墉鑿塹，靡不金湯。官署學校，蔚焕封疆。壇壝整肅，各有祀禳。琳宮梵宇，氣象嚴莊。傳分郵舍，行設關梁。仰瞻帝都，瑞靄當陽。志建置類。

沿革

順天府

古冀州域，顓頊高陽氏所都。畿内曰帝丘，北至於幽陵。陶唐爲幽都。有虞氏析爲二，衛水以南爲并州，燕以北爲幽州。夏、商復爲冀州。武王克商，封堯後於薊，封召公奭於燕，復析爲幽、并。春秋、戰國俱爲燕地。秦并天下，以燕爲漁陽、上谷二郡。漢元鳳初，改爲廣陽郡。東漢罷郡，復立幽州。三國魏爲燕國。晋曰范陽國。後魏於薊立燕郡，復置幽州，領之。北齊於幽州置東北道。後周改置燕郡范陽，立總管於幽州。隋曰安樂郡、涿郡。唐開元曰范陽郡。石晋天福元年，割幽、薊十六郡，以報契丹援立之功。契丹升幽州爲南京幽都府，後改幽都爲析津府，號燕

京。宋宣和中，改析津府爲燕山郡。遼仍析津府，金爲大興府，元初仍大興府。至元初，改屬大都路。明洪武初，設北平布政使司，改大興府爲北平府。永樂中，改北平府曰順天府，定爲京師。領州四、縣二十三。正德八年，升昌平爲州。國朝定鼎因之。順治十六年，漷縣省入通州。康熙十五年，升遵化爲州。領州六、縣二十。

大興縣

本秦薊縣地，屬上谷郡。漢至唐皆仍舊名。遼改爲析津縣，金改爲大興縣，元、明仍舊。國朝因之。縣治在北城教忠坊。

宛平縣

秦、漢、隋皆薊縣地，唐析西界置幽都縣，即顓頊所都帝丘地也。遼改爲宛平縣。釋名曰：「燕，宛也。取宛宛然以平之義。」金、元、明仍舊。國朝因之。縣治在北安門西積慶坊。

良鄉縣

春秋戰國時，燕中都地。西漢爲良鄉縣，東漢爲廣陽縣，晋屬范陽國。元魏屬涿郡，北齊省入薊縣，尋復置。隋屬涿郡，唐時以不從安史之

叛，改名固節，尋復名良鄉。遼、金、元、明仍舊名。明永樂屬順天，國朝名屬因之。在府西南。

固安縣

本漢方城縣，李牧伐燕，取方城是也。屬廣陽國，後魏省。〔注一〕隋置固安縣，屬幽州。唐初屬北義州。貞觀初，復屬幽州。金屬涿州，元屬霸州，後升爲固安州。明洪武初，仍改爲縣。國朝因之。在府城西南。

〔注一〕「後魏省」三字原本在「屬幽州」句後，據《明一統志》改正。

永清縣

本漢益昌郡。東漢及梁、陳皆廢。隋開皇中，於今縣西五里置通澤縣，尋廢。唐垂拱三年，改爲武隆縣。景雲元年，改會昌縣。天寶初，始改今名。自此歷至宋、元及明，皆曰永清。永樂屬順天。國朝因之。在府城南。

東安縣

漢名安次，初隸燕國，後屬渤海郡。宣帝更名東安。晉復屬燕國。隋屬涿郡。唐高祖隸涿郡，武德四年，移置石梁城。貞觀八年，又移置魏常道城。開元二十三年，又東移於耿就橋行市南。元初，屬霸州，後升爲東安州，隸大都路。明

叛，改名固節，尋復名良鄉。遼、金、元、明仍舊
名。明永樂屬順天。國朝因之。在府西南。

固安縣

本漢方城縣，李牧伐燕，取方城是也。屬廣
陽國，後魏省。〔注二〕隋置固安縣，屬幽州。唐初
屬北義州。貞觀初，復屬幽州。金屬涿州，元屬
霸州，後升爲固安州。明洪武初，仍改爲縣。國
朝因之。在府城西南。

永清縣

本漢益昌郡。東漢及梁、陳皆廢。隋開皇

中，於今縣西五里置通澤縣，尋廢。唐垂拱二年，
改爲武隆縣。景雲元年，改會昌縣。天寶初，始
改今名。自此歷至宋、元及明，皆曰永清。永樂
屬順天。國朝因之。在府城南。

東安縣

漢名安次，初隸燕國，後屬渤海郡。宣帝更
名東安。晉復屬燕國。隋屬涿郡。唐高祖隸涿
郡，武德四年，移置石梁城。貞觀八年，又移置魏
常道城。開元二十三年，又東移於耿就橋行市
南。元初，屬霸州，後升爲東安州，隸大都路。明

洪武初，改爲縣。二年，因渾河爲患，遷於常伯鄉張李店，即今治也。隸順天府。國朝因之。在府城南。

香河縣

古泉州地，屬冀。唐仍之，虞析冀爲幽、并，此屬幽。夏、商仍屬冀。周屬燕。秦、漢隸漁陽。晉屬燕。隋屬涿。唐屬幽。石晉賂契丹後，尋屬遼，遂置香河縣，屬析津府。金、元俱屬大興府。明隸順天府。國朝因之。在府城東南。

通州

秦屬漁陽郡地。漢置潞縣，故城東南八里，王莽置有通潞亭。後魏置潞郡。隋廢入涿郡。唐武德初，置玄州，尋復爲潞縣。五代及遼皆因之。金升爲通州，取漕運通濟之義。元、明俱仍舊名。永樂改北平府爲順天府，通州首隸焉。領三河、武清、漷、寶坻四縣。迨我國朝，仍明之舊。順治十六年，省漷入州。其餘三邑，隸屬如故。在府城東。

三河縣

本漢臨泃縣地。唐貞觀元年，省臨泃入幽

北京舊志彙刊

〔東照〕順天府志　卷六三

州。景龍三年，改臨泃爲三河。宋、遼因之。金升潞爲通州，乃以三河屬焉，隸大興府。元仍之。明洪武改大興爲北平，永樂改北平爲順天府，仍以三河隸順天之通州。國朝因之。縣名三河者，以地近泃河、鮑丘河、洳河三水也。在州城東。

武清縣

本漢雍奴地，隸漁陽郡。雍奴，藪澤之名，四面有水曰雍，水不流曰奴。建武二年，封冠恂爲侯國。《魏志》：張郃從擊袁譚於渤海，兵圍雍奴。謂此邑也。晋屬燕國。隋屬涿郡。唐屬幽州。天寶初，改爲武清縣。五代、宋、金皆因之。元初屬大興府，尋割隸漷州。明改屬通州。國朝因之。在州城南。

寶坻縣

漢名泉州，屬漁陽。唐屬范陽。石晋賂契丹，隸香河縣。金立爲縣，命名寶坻，謂其地産魚、鹽、蘆葦，故曰寶。又水中高地，故曰坻。尋升爲盈州，後復爲寶坻縣。元隸大都路。明隸順天。國朝定鼎，其隸如故。在通州東南。

涿州

秦爲上谷郡地。漢置涿郡。三國魏改爲范陽郡。晋曰范陽國。南北朝魏復爲范陽郡。隋爲涿郡。唐廢郡爲范陽縣。大曆中，置涿州。宋改涿水郡。〔注一〕遼置永泰軍。金、元皆復爲涿州。明以范陽縣省入。國朝因之。領縣一，在府城西南。

〔注一〕「水」原本爲「永」，據《明一統志》改。

房山縣

本良鄉、宛平、范陽三縣地，石晋以其地遺遼，未有縣。金析置萬寧縣，以奉山陵，因改爲奉先縣。元以近大房山，遂改房山縣。明因之。國朝仍因之。在州城西北。

薊州

燕惠王時，初置漁陽郡，即此。秦、漢仍爲漁陽郡地。河北前趙及慕容燕并都之。三國及晋俱屬幽州。隋大業初，復置漁陽郡。唐開元十八年，始立薊州。宋置尚武軍。遼改廣州軍。金屬中都路。元仍爲薊州，隸大都路。明仍爲薊州，以漁陽縣省入。國朝因之。領縣二，在府城東。

玉田縣

本春秋無終子國。漢爲無終縣，屬右北平。

元魏屬漁陽郡。唐開元十八年，改名玉田縣。以漢陽雍伯種石得玉，故名。神龍初，屬營州，後改屬薊州。五代周仍舊。宋爲經州，金復爲玉田縣。元、明因之。國朝仍因之。在州城東。

平谷縣

漢高帝始名平谷，屬漁陽郡。唐廢爲大王鎮。金復爲平谷縣。元屬薊州。明因之。國朝仍因之。在州城西北。

遵化州

春秋無終國之域。漢爲右北平之境。唐於此置馬監及鐵冶，居民稍聚，因置遵化縣。宋改

灤州郡。遼爲景州清安軍。金以縣隸薊州。元、明皆因之，并設三衛一所。國朝初年，衛所俱并屬縣。康熙十五年，升爲州，轄縣一，曰豐潤。在府城東。

豐潤縣

春秋爲無終國地。唐開元間，析玉田縣之永濟務爲薊州縣，隸北平郡。金始置豐潤縣，隸廣州軍，以古豐州、潤河合而名之。元省入玉田縣，尋復置，隸薊州。明因之。國朝仍因之。在州城

東南。

昌平州

本漢軍都縣，屬上谷郡。晉屬燕國。後魏改爲昌平縣，屬昌平郡。後屬幽州。後周復置昌平郡。隋以其地屬涿郡。唐復置望縣。五代唐改爲燕平縣。石晉復改爲昌平縣。宋爲燕山郡。〔注一〕遼、金、元仍爲昌平縣。明景泰初，移衛治於縣東八里永安城。正德初，升衛爲州，以順義、密雲、懷柔來屬。國朝因之。領縣三，在府城北。

順義縣

本秦上谷郡地。漢、魏、晉皆爲范陽境。北齊始置歸德郡。隋改爲順州。唐初爲燕州。天寶初，改歸德郡。乾元初，復爲順州。宋置順興軍。遼改爲歸寧軍，後改歸化軍。〔注二〕金復爲順州。明洪武初，改爲順義縣，隸北平府。正德九年，升昌平爲州，遂屬焉。國朝因之。在州城東北。

密雲縣

古檀州也。秦、漢爲漁陽郡地。後魏置密雲郡，領白檀、要陽、密雲三縣，兼置安州。北齊廢郡，以二縣并入密雲縣。後周更安州曰玄州。隋

〔注一〕宋無燕山郡，時稱燕山府廣陽郡，昌平爲其屬縣。

〔注二〕宋置順興軍，在遼代之後。

置檀州，後改安樂郡。唐復爲檀州。遼爲武威軍。宋號橫山郡。金、元復爲檀州。明洪武初，改爲密雲縣，隸北平府，今屬昌平。國朝因之。在州城東北。

懷柔縣

本密雲、昌平二縣地，唐貞觀中，始置懷柔縣。遼屬順州。金改爲温陽縣。元廢入順州。明洪武中，分密雲、昌平地，復置懷柔縣，隸北平府。正德初，升昌平爲州，遂屬焉。國朝因之。在州城東北。

霸州

本秦上谷郡地。漢屬渤海郡。後漢屬廣陽郡。晋屬章武國。隋初屬瀛州，後屬涿郡。唐屬幽州，後改爲永清縣，即益津關。後周克復益津關，始置霸州。宋治文安縣。金治益津縣，又析置信安軍。元復爲霸州。明以益津縣省入，仍爲霸州。國朝因之。領縣三，在府城西。

文安縣

本漢縣，屬渤海郡。東漢屬河間國，後屬瀛州。晋屬章武國。後魏屬瀛州。隋屬河間郡。

唐貞觀初廢豐利縣，移舊治於其城，屬霸州，即今縣也。宋省永清縣入焉。金、元、明仍舊。國朝因之。在州城南。

大城縣

本漢東平舒縣，屬渤海郡。東漢屬河間國。晋屬章武國。後魏改章武郡。北齊廢郡，置平舒縣。隋仍平舒縣，屬景州。唐屬瀛州。後周改大城縣，屬霸州。宋、金、元、明皆因之。國朝仍因之。在州城南。

保定縣

本涿州新鎮地。宋景德初，建爲保定軍。宣和中改爲保定縣，隸鄚州。金隸雄州。元初，省入益津縣，後復置，屬霸州。明因之。國朝仍因之。在州城南。

城池

順天府（大興、宛平二縣附。）

舊城建於元至元四年，稱大都。明永樂七年，定爲京師。十九年，營建宮室，乃拓其城。周迴四十里，爲門九，南曰麗正、文明、順承，東曰齊化、東直，西曰平則、西直，北曰安定、德勝。正統

初，更名麗正爲正陽，文明爲崇文，順成爲宣武，齊化爲朝陽，平則爲阜成，餘四門仍舊。城南一面，長一千二百九十五丈九尺三寸，北長一千二百三十二丈四尺五寸，東長一千七百八十六丈九尺三寸，西長一千五百六十四丈五尺二寸。高三丈五尺五寸，垛口五尺八寸，基厚六丈二尺，頂收五丈。嘉靖二十三年，築重城包京城，南一面接東西角樓而止，長二十八里。爲門七，南曰永定、左安、右安，東曰廣渠，西曰廣寧。其拓出於東西角樓，北向者，東曰東便，西曰西便。城南一面，

長二千四百五十四丈四尺七寸，東長一千八百五丈一尺，西長一千九十三丈二尺。高二丈，垛口四尺，基厚二丈，頂收一丈四尺。四十二年，增修各門瓮城，其内城九門，各有門樓一座，重檐飛空，丹碧璀燦。瓮城外面，各有敵樓一座，高與門樓對峙。三面各開炮門四重。其四隅角樓，與敵樓規制同。甲申毀於流寇者什九，惟正陽門内二樓巋然獨存。自我皇清定鼎以來，次第修理，乃復舊觀。其池蓋自玉河分流也。玉河發源玉泉山，東流至城外西北隅，其分而貫城址以入者，經

大內，復由正陽、崇文兩門間城址以出，東注大通河。其分而環城四面者，亦會歸於大通河。明時，兩岸繚以短垣。國朝樹柳於岸，以固其址。

良鄉縣

明正統中，築土城。隆慶二年，知縣安守魯甃磚，周圍三里二百二十步，高三丈二尺，廣三丈。池深一丈五尺，闊二丈，通龍泉諸水，繞城爲壕。自崇禎間修後，迄今城雖存，而池已淤流，不能折入而遽南下矣。

固安縣

舊無城郭。明正德十年，知縣王宇創築土城。嘉靖二十九年，知縣蘇繼砌磚。四十四年，知縣何永慶重修，周方五里二百六十九步，高連女墻，共二丈九尺，下闊與高同，頂收九尺。嘉靖六年，知縣李玞鑿池，深一丈五尺，闊三丈。歲久沙淤。四十三年，知縣何永慶重鑿。崇禎三年，知縣秦士奇請免養馬夫，浚深三丈餘，闊四丈餘，兩岸俱築小堤。沿城築攔馬堤一道，至今矚望，屹然有金湯之勢。

永清縣

舊係土城，三里。明正德五年，知縣郭名世拓，圍五里七步，高二丈五尺，廣三丈。池深三丈，闊二丈。隆慶二年，霸州兵備道孟重委判官王建砌磚。萬曆節修。後至康熙十五年，知縣萬一鼒葺築堅固。

東安縣

按志：明洪武三年，移治於此。公廨、民居俱草創，城池并未修砌。天順間，始修城浚壕。正德十二年，知縣武魁於垣内幫土築厚坯，壘女墻，外浚池塹，始似城池。嘉靖二十八年，知縣成

印增築城基，厚一丈四尺，頂收一丈，高二丈二尺，周圍二千八百二十四步。池深八尺，廣一丈二尺。二十九年，磚包四隅，掘壕深倍於舊。隆慶四年，知縣劉祜始盡砌以磚。歷至順治五六年間，渾水衝没，樓垛坍圮。康熙十一年，差勘估計而止。十五年，知縣李大章捐俸出米，修葺完固，迄今士民安枕，倉庫無虞。

香河縣

舊爲土城。明正德二年，砌磚，周圍七里二百步，高二丈三尺，廣三丈。池深一丈五尺，闊二

丈五尺。嘉靖四十二年，知縣范經增高五尺，修角樓四座。萬曆二十年，知縣陳增美復增高二尺。今城垣四面傾圮，止存什一。

通州

相傳元以前無城，以籬塞爲之，莫考所據。明洪武元年，燕山侯孫興祖從大將軍徐達定通州，督軍士建城潞河之西，甃以磚石。周圍九里十三步，高三丈五尺，爲門四，門各有樓。正統間，奏建新城，以護大運、西南二倉，亦甃以磚。周圍七里有奇，接連舊城，高止丈餘。西南爲門

二。正德六年，巡撫李貢增高五尺。萬曆十九年加築垺，舊城厚丈餘，長一千三百四十丈有奇。其池，則萬曆二十二年引通惠水注之，緣通漕楫，以省陸輓。康熙九年，因舊新兩城共有坍塌，修至次年，方竣其工。迨康熙十八年七月二十八日巳時地震，墻垣樓亂倒不堪，整修之計良不容旦夕緩耳。

三河縣

舊城在縣治東三里許，泃水之南，被水衝廢。後唐長興三年，盧龍節度使趙德均移建今城。城

方六里，高二丈五尺，廣二丈，外砌磚石。壕闊三丈，深半之。明嘉靖二十九年，知縣張仁增高五尺。四十二年，知縣劉文彬又增五尺。未幾，巡按房練溪奏發帑銀一千兩，動支贓罰銀一千二百兩，大加修理，增置角樓、敵臺，迄今樓臺盡圮，墻頽，尚未修治。

武清縣河西務附

舊城在丘家莊南。明洪武初，遭水患，遷西八里，即今治也，尚未有城。正德六年，知縣陳希文築土垣。嘉靖二十二年，霸州兵備楊大章因城內多曠地，截去東北二里，重築土城，樹女墻。隆慶三年，巡撫劉應節等相繼甃葺，周圍一千五百七十丈，高二丈七尺，廣二丈，爲三門，各覆以樓。壕深一丈二尺，闊三丈。康熙七年，大水衝没，樓垛圮坍。已經差勘估計，尚未修築。

河西務鈔關，舊無城。隆慶二年，巡撫楊兆等始建磚城。康熙七年，水漲城坍，尚未修築。

寶坻縣

舊爲土城。明弘治初，知縣莊襗修築磚城，周圍六里，高三丈有奇，廣一丈。池深一丈，闊一

丈六尺。嘉靖四十三年，知縣唐鍊一一繕舉，歷載七十有餘。國朝定鼎，鞏固猶存。近因雨霖，頹圮及今。不修恐漸爲遺堵堞矣。

涿州

州城相傳築自顓頊，世代太遠，竊恐未然。周圍九里有奇，形如凹字。明景泰初，知州黃衡砌磚，高四十尺，基之厚半之。壕深十尺，廣倍之。國朝順治戊子，知州楊瑜顯修葺。庚子，知州李勳修葺。康熙己未秋地震，樓垣坍塌，知州曹封祖修葺。今仍壯觀。

房山縣

城創於金大定間，垣高丈餘，周一千四百四十步。明正德中，知縣曹俊修置城樓。隆慶間，知縣李琮始采石甃築加高，共計三丈。萬曆乙亥，知縣陳庭訓周圍植樹。崇禎丙子，增修城堞，加高五尺，加厚丈餘，池深一丈，闊一丈。迄我皇清金湯可畏。

薊州

舊爲土城。明洪武四年，甃磚，周圍九里三十步，高三丈五尺，廣三丈。池深闊不一，最深處

六丈，淺亦一丈，最闊十丈，窄亦五丈。迄今城塌池平，議修未果。

玉田縣

舊城係土垣。明成化三年，都御史閻本包磚，高二丈七尺，周圍一千二百二十步。隆慶己巳，增高三尺，廣三丈。池深一丈，闊一丈二尺。崇禎八年，盡易磚石。十年，浚池，但地高難以聚水，竟淤過半矣。國朝一簣未施，日就傾圮，所當急議修築。

平谷縣

舊土城形制低狹。明成化丁亥，巡撫閻本增築之，包以磚，高二丈五尺，址廣三丈五尺，頂收三之一，周圍六百丈。塹闊二丈五尺，深半之。嘉靖癸亥，知縣任彬築高五尺，浚其塹，沿堤植柳。隆慶二年，知縣瞿聽桃浚池壕，幫築城墻。迄今國朝猶冠諸邑。

遵化州

城池創自唐之天寶。明洪武十一年，指揮周寶式廓西隅。嘉靖元年，巡撫孟春重修。萬曆九年，戚繼光撤而更築之。周圍六里有奇，基廣三

丈，高四尋有半。池深二丈，廣三丈。順治九年，沙河水溢，城坍過半，知縣孫錫蕃勸輸修補。又，知縣范藎及紳衿捐資修完。

豐潤縣

舊土城，未知建於何代。明正統、天順間，包磚未半。成化初，巡撫閻本始竣其功，周圍四里，連女墻高二丈五尺。池深闊半之。隆慶二年，巡撫劉應節督知縣馮如圭修加五尺，舊池湮塞，復加疏鑿。迄今傾頽及址，切係人民、倉庫所當急舉集料、鳩工之議。

昌平州

舊城約六里，高二丈一尺，廣一丈。池深一丈，闊一丈五尺。明時造，接新城，約四里餘，高減舊城四尺，廣略同，池深闊如之。二城皆内土外磚。迄今康熙癸丑，以前巡撫金世德屢經題請，獲允挨修，將見巍然煥然，功可指日。

鞏華城

明嘉靖十九年建。門四，南曰鞏華，北曰展思，東曰威漠，西曰鎮口，蓋京北之雄城也。詳《昌平志》。

順義縣

唐天寶間建，土城，周圍六里一百一十步，高二丈五尺，廣一丈三尺。明嘉靖二十九年，修築磚城。隆慶二年，增高五尺。壕深二丈，闊一丈五尺。迄今綏之葺之，實煩心計云。

密雲縣

舊城創自明洪武間。原設三門，周圍九里十三步，高連垛口三丈五尺，廣二丈八尺。池深二丈，闊一丈五尺。新城創於萬曆四年，在舊城之東，相隔五十步，設三門，周圍一千一百七十九丈，高連垛口三丈五尺，廣二丈。池深闊如舊池。自明至國朝，雖屢有修葺，而東西門間，城墻現又傾毁。

懷柔縣

舊土城，修自洪武十四年。成化三年，甃以磚石。弘治十五年，因城大民少，去其西半，而城其東半焉。周圍五里，高三丈，廣二丈。池深二丈，闊一丈五尺，設三門。隆慶二年，知縣朱繼立始增瓮城、敵臺。萬曆間，重甃砌之。迄我國朝，依然鞏固。

霸州

舊傳燕昭王築。宋將楊延朗修葺土墉，金、元因之。明弘治己未，知州劉珩以瓮包城北面。正德間，知州王汝翼請動內帑，陶瓮盡包三面。周圍六里三百二十步，高三丈五尺，廣二丈。池深一丈二尺，闊一丈。嘉靖庚子，兵備王鳳靈募工浚池，環堤樹柳。雖自明末之兵燹，樓櫓多不復存，然賴有後先營葺，迄今尚稱峻堞。

文安縣

城周八里三十步，高三丈，廣二丈七尺。池深二丈，闊三丈。明正德九年，重修。萬曆十三年，知縣官延澤增修。崇禎九年，增高，添磚堞瓮城。迄今每遇堤决，洪波浩蕩，城不浸者三版。

大城縣

明初惟有舊址。正德七年，知縣石恩即址築土雉堞悉具。嘉靖中包以磚，周圍四里一十三步，高二丈二尺，基廣一丈五尺，頂收八尺。池環四里五十三步，廣六丈，深七丈。國朝順治九年，堤决受浸，城墻倒壞。知縣馬騰陞勸捐修築，復堅且好。

保定縣

舊城，宋團練使楊延朗所築。周圍六里六十九步，高三丈，廣二丈。導玉帶河水環以爲池。明嘉靖中，知縣呂煥患城難守，又創新城於舊城之西北隅，高一丈五尺，周圍六里八十九步。池深八尺，闊三丈。迨後兩經滹衝，樓櫓雉堞俱隨流去，則隨時議修，亦今之要務也。

公署

順天府

府治（在安定門大街南里許，西轉向南。）　府尹（在正堂後。）

府丞（在正堂東。）　治中（在尹宅東壁。）

通判（在儀門外東南。）　經歷

照磨　司獄司（俱在儀門外西南。）

大興縣

縣治（在北城教忠坊。）　慶豐閘閘官

宛平縣

縣治（在北安門西積慶坊。）　盧溝橋巡檢司

齊家莊巡檢司　王平口巡檢司

石港口巡檢司　廣源閘閘官

良鄉縣

縣治在城西南。

防守公署因衛治改，建堂三間。

養濟院在縣治北。

預備倉縣治東南。

固安縣

縣治在學官之右。

申明亭在縣治大門左。

旌善亭在縣治大門右。

察院在縣治東。

府館在縣治西北新街，改建於通衢，南向。

陰陽學在縣治東南。

醫學在縣治南。

僧會司在西街三佛寺後。

道會司在縣治東北長真觀後。

養濟院在北門外。

義倉在縣堂西南。

永清縣

縣治在城之中。

申明亭大門左

察院在縣治東。

醫學在縣署西。

陰陽學縣治北

僧會司在縣署北。

道會司在城隍廟。

預備倉

東安縣

縣治舊在常道城東、耿就橋行市南。因渾河水患，明洪武三年，主簿華得芳移治於常伯鄉張李店，即今治也。

鐘樓一座在甬道東。

鼓樓一座在甬道西。

察院在縣治東。

僧會司縣治西廣嚴寺。

養濟院在縣治大南街西胡同。

演武場在東門外。

預備倉在縣治北街。

縣治在縣東南。　預備倉在縣治東南。
養濟院在縣治北。　防守公署因衛治改。廳堂十二間。

固安縣

縣治在衛東北。　中明亭在縣治大門右。
旌善亭在縣治大門右。　察院在縣治東。
府館在縣治西北舊衙，安兼分巡備，西向。　陰陽學在縣治東南。
醫學在縣治南。　僧會司在西街三聖寺後。
道會司在縣治東北長真觀後。　養濟院在北門外。
義倉在縣治西南。

永清縣

縣治在城中。　中明亭在大門右。
察院在縣治東。　醫學在縣署西。
陰陽學在縣治北。　僧會司在縣署北。
道會司在東嶽廟。　預備倉

東安縣

縣治舊在常道城東耿就橋行市南。因渾河水患，明洪武三年，主簿華得芳移治於常伯鄉張李店，即今治也。
鐘樓一座在南道東。　鼓樓一座在南道西。
察院在縣治東。　僧會司在縣治西廣寺。
養濟院在縣治大南街西胡同。　演武場在東門外。
預備倉在縣治北。

香河縣

縣治在西街南。

申明亭在縣前

察院在縣治東。

養濟院在縣西北。

預備倉

常平倉

義倉

通州 漷縣附

州治在城北門內以西。

旌善亭州門東

申明亭州門西

通濟庫在州堂西。

東察院在州治東南。

户部分司今人在倉場衙門內。

工部分司在州治西。

倉場總督衙門在新城南門內。

提督學政察院工部分司東。

整飭通永道在察院南。

坐糧廳署在西察院東。

副總署在新城西門內，即舊西察院。

監督主事署在坐糧廳後。

府館在察院東。

僧正司在嘉靖寺。

道正司在悟仙觀。

張家灣巡檢司在土橋西。

弘仁橋巡檢司在州城南三十里。

養濟院在南門內。

抽分竹木局在州城南門外，今爲馬廠。

黃船廠在州城北門外。

北關竹木局在北門外。

預備倉在儒學對門。

大運西倉在舊城西門外。

大運中倉在舊城南門裏。

大運南倉在新城南門裏。

教場在舊城東關。

三河縣

縣治明洪武初建，正統間重修。

申明亭在縣門東。

旌善亭在縣門西。

東察院在縣治東。

西察院在縣治西。

府館在縣治西。

僧會司在圓覺寺。

預備倉在縣治西。

軍儲倉

草廠俱在縣治東北隅。

武清縣

縣治在城中近北，南嚮。

申明亭在大門外東。

旌善亭在大門外西。

察院在前察院東。

僧會司在隆興寺後。

管河通判廳駐札楊村，專管河道巡監捕盜。

管河主簿廳在河西務城内。

河西巡檢司與驛同城。

小直沽巡檢司在縣治東南一百二十里。

養濟院在縣治北。

預備倉在縣治西廊後。

寶坻縣

縣治自金大定間創設，在渠水之南，大覺招提之西。明洪武元年，遷於城之西南隅。

申明亭在縣治東。

接官亭

察院在縣治東。

府館在縣治東。

陰陽學

醫學俱在縣治東。

僧會司在廣濟寺。

盧臺巡檢司在縣東南一百二十里。

寶坻營在北塘口。

養濟院在縣治西北隅。

預備倉在縣治西南。　仿古社倉在縣西門內。

演武場在縣西門外。

涿州

州治在城東南。　申明亭

旌善亭俱在州前。　南北二察院俱在州治前。

參將府在州治西北。　中軍守備廳在州治西北。

涿鹿衛在州治西北。　涿鹿左衛今爲守備署，在州治西。

涿鹿中衛在州治後。　僧正司湖梁延壽寺。

道正司北郭東嶽廟。　養濟院在州治西北。

常盈倉在州西南。　預備倉在智度寺巷。

有備倉在州前　陸樊倉在州西三百五十里。

演武場在州東　草場常盈倉東。

房山縣

縣治在西大街，創於金、元間。　申明亭在縣治東。

旌善亭在縣治東。　察院在縣治東大街。

陰陽學縣大門東。　醫學縣大門西。

僧會司寄福勝寺。　磁家務巡檢司

養濟院在縣治東。　預備倉在縣治內。

漏澤園在縣治二里。

薊州

州治在城東北隅。

户部分司在州治西南，今改爲察院。

公館六處分署，各鎮店僅存遺址。

府館在州南

城守都司署在軍門署内。

陰陽學

醫學俱在鼓樓前。

僧正司在獨樂寺後。

道正司在州治北。

養濟院在西門外。

預備倉州治東北。

演武場在城西南。

玉田縣

縣治在城西北。

申明亭在縣門西。

旌善亭在縣門東。

察院在縣治東。

僧會司在縣治東。

道會司在西關

養濟院在縣北街東。

預備倉在縣治内。

演武場在西關外，今改爲防守營房。

平谷縣

縣治在東街

申明亭在縣門東。

旌善亭在縣門西。

察院在縣治東。

後察院在縣治北。

僧會司在縣治西覺雄寺。

道會司在縣東南朝陽觀。

遵化州

州治在城東北。

察院州東北

府館在州治東。

總鎮府行署在州治東，今改爲城守營游擊署。

左營公署今改爲城守營中軍守備公署。

僧正司在東覺寺。

道正司在元帝廟。

養濟院在城東北。

預備倉在州堂東。

演武場在州治北二里。

豐潤縣

縣治在城東北隅。

察院在縣治西。

府館在縣治西。

申明亭縣門外西。

僧會司在弘法寺內。

養濟院在城隍廟西。

漏澤園二所一在城東，一在城西。

豐盈倉在縣治西南。

昌平州

州治在西巷街北。

申明亭在州大門左。

旌善亭在州大門右。

新都察院在新城大街西，今爲霸昌道署。

東察院在州治大街東。

守備署州治南

鞏華城守備署在鞏華城。

僧正司

道正司二司各隨所處爲署。

養濟院在州治西南。

預備倉在州西街南。

居庸倉在州城東門內。

昌平草場在州治北。

居庸草場在關城南門外。

教場在州城南門外。

順義縣

縣治在北門內。

東察院在北街東。

西察院在北街西。

道會司在聚真觀。

養濟院龍興寺西。　預備倉在北街西。

密雲縣

縣治舊城鼓樓西。　申明亭

旌善亭俱在縣前。　鼓樓縣治東

鐘樓鼓樓後　工部分司縣東南

守備公署舊城鼓樓北。　僧會司在縣北隆興寺。

道會司在縣北真武廟內。　鄉約所夾城內

石匣營石匣城　石塘嶺營石塘嶺城。

古北口營古北口　曹家寨營曹家寨城。

墻子嶺營墻子嶺城。　養濟院縣西北

龍慶倉在舊城縣南。　石匣倉在石匣城。

古北口倉在古北口城內。　廣濟倉大水谷

廣有倉曹家寨　廣盈倉五頭嶺

廣豐倉白馬關　廣儲倉墻子嶺

草場舊城西南。

匣塘、古曹墻各路教場俱在各路門外。

裕邊場舊城南門外一里。

懷柔縣

縣治在西門內大街。　申明亭在大門前。

彰善亭在大門東。　彈惡亭在大門西。

察院在縣治東大街。　守備衙在縣治北。
僧會司在縣西能仁寺。　養濟院在縣治西。
預備倉大門內　教場在南門外。

霸州

州治在城西　申明亭在大門東。
旌善亭大門西　東察院兵備道東。
府館在州治西。　駐防公署康熙癸丑創建，即西察院故址。
僧正司在州東門外普濟寺。　巡檢司在苑家口。
養濟院州北門內。　預備倉儀門內
常豐倉儀門東　漏澤園在城北
演武場在北門外柳巷街東。

文安縣

縣治漢縣令趙蘷創建。　申明亭縣門左
旌善亭縣門右　察院有三處，俱明嘉靖十四年建。
陰陽學在縣前　醫學在縣前東。
養濟院在北門里。　演武場在北門外。

大城縣

縣治在城中　申明亭在大門東。
察院在縣治東。　分司在縣治南，今改作營署。
陰陽學今改作營房。　醫學今改作營房。

僧會司在縣西北觀音寺。　養濟院縣南

預備倉在觀音寺右。　漏澤園在邑厲壇北。

保定縣

縣治在城中街。　申明亭在鼓樓東。

旌善亭在鼓樓西。　察院在縣治東。

府館在縣東察院右。　養濟院在城南

預備倉在儀門外。　演武場在南門外。

通州衛

涿州衛

薊州衛

延慶衛

學校

順天府

儒學在府治東南教忠坊。明洪武初，以元太和觀地爲大興縣學，國子監爲府學。永樂紀元，改北平布政司爲順天府，府學爲國子監，大興學爲府學，并屬焉。規制未備，歲久漸圮。宣德二年，府尹李庸修理，於是大城殿、明倫堂、祠廡、齋舍、庖湢之所，焕然如新，大學士建安楊榮爲記。正統十一年，府尹王賢顧其舊址四邊多爲軍民所

侵，不足以擴充堂構，因請復其地，遂拆故新之，爲大成殿，翼以兩廡，前爲戟門。殿與門爲間各三，廡爲間各五。因舊爲廟，以祠宋丞相信國文公。爲六齋，進德、修業、時習、日新、崇術、立教。於明倫堂東西治舍，以栖諸生。會饌有堂，有厨有庫，而蔽之重門。齋門、厨庫爲間各三，饌堂爲間各五，而舍爲間十二倍於饌堂。觀成日，少司徒盧陵陳循爲記。天順六年，府尹張諫以舊齋廡逼近堂廟，闢東西地廣之。堂之北創後堂五間，左右房各九間。廟之外戟門、櫺星門皆撤而新之。學之門外，樹育賢坊二，東西對峙。成化二年，府尹閻鐸鋭意學政，凡前工未畢者，既皆足之。復念士之栖止不足，勞於出入，擇堂齋前後隙地，增建號房，通前五十餘間。重建學外門三間，廟若廡皆易朽以堅，而加藻飾焉。學後面北，民居錯雜，購而拓之，爲厨庫，爲射圃，崇墉廣厦，煥然一新。大學士商輅爲記。萬曆庚辰，督學商爲正疏拓之，遷宋文丞相祠於學宫東鄉，人就其地建懷忠會館。歲戊子，督學楊四知建尊經閣於文廟東北，新文昌祠於東南。庚寅，霪雨，廟祠就

奉天通志　卷六十　一〇一

　　東西懷抱。如其二。

圮。府尹朱孟震重修，府丞李貞記。我清肇興，右崇文教，群滿漢子弟育之學宮。廟貌宫墻，歲久傾圮，旗下居人環近左右者，擅開門户，侵占地基，甚且拆毁作踐。府丞薛所蘊目擊心惻，毅然謀所以葺之，與府尹閻印捐俸勸輸，整理廟貌，少肅觀瞻。具疏題允，清查侵占基址，禁止拆毁作踐，已奉旨嚴行禁飭，刊立木榜。己亥，王登聯莅府丞任，闔學生員念薛未竟其事，倡議捐資，具呈於王丞，隨得上疏，方蒙俞旨，而王以巡撫畿南去。嗣之者劉鴻儒，同欽差工部營繕司滿漢即中按基清丈，塞擅開之門，拆占造之屋，時亦限於工力，僅得修大成殿，建兩廡及泮橋，築立崇垣，以明界址。迄康熙乙巳，高爾位提督學政，念府學爲首善重地，屢修未竟，慨然毅行，乃與府尹甘文焜計，遂大捐己俸，不煩勸募，庀工鳩材，廟中自大成殿、大成門、櫺星門，儒學自大門、二門、奎星樓、明倫堂，啓聖、名宦、鄉賢諸祠及育賢坊，次第修建。於是文廟聿新，宫墻巍焕，從來修葺未竟之工，於斯落成矣。禮部尚書王崇簡有碑記。舊有尊經閣、敬一亭，基址已經頹廢，方在議復舊

規，以圖興舉。歷今十有八載，豈環居旗人仍肆侵毁。康熙壬戌，督學張鵬甫任，即疏請嚴禁，亦蒙旨，同府尹張吉午逐一清理，捐俸勸輸修整。大、宛生員俱屬府學，不更置社學，各州縣同。

明太祖頒行卧碑

今後府州縣學生員，若有大事干於家者，許父兄弟侄具狀，入官辨别；若非大事，含情忍性，毋輕至公門。

生員之家，父母賢志者少，愚痴者多。其父母賢志者，子自外入，必有家教之方。子當受而無違，斯教行矣，何愁不賢者哉。其父母愚痴者，作爲多非，子既讀書，得聖賢知覺，雖不精通，實愚痴父母之幸，獨生是子。若父母欲行非爲，自外入，或就内知，則當再三懇告。雖父母不從，致身將及死地，必欲告之，使不陷父母於危亡，斯孝行矣。

軍民一切利病，并不許生員建言。果有一切軍民利病之事，許當該有司、在野賢人、有志壯士、質朴農夫、商賈、技藝皆可言之，諸人毋得阻當，惟生員不許。

生員内有學優才贍，深明治體，果治何經，精通透徹，年及三十，願出仕者，許敷陳王道，講論治化，述作文辭，呈請本學教官，考其所作，果通性理，連僉其名，具呈提調正官。然後親賫赴京，奏聞，再行面試，如是真才實學，不待選舉，即時録用。

爲學之道，自當尊敬先生。凡有疑問及聽講説，皆須誠心聽受。若先生講解未明，亦當從容再問，毋恃己長，妄行辯難，或置之不問，有如此者，終世不成。

爲師長者，當體先賢之道，竭忠教訓，以導愚蒙。勤考其課，撫善懲惡，毋致懈惰。

提調正官，務在常加考較，其有敦厚勤敏，撫以進學；懈怠不律，愚頑狡詐，以罪斥去。使在學者皆爲良善，斯爲稱職矣。

在野賢人君子，果能練達治體，敷陳王道，有關政體得失、軍民利病者，許赴所在有司，告給文引，親齋赴京面奏。如果可采，即便施行。不許坐家實封入遞。

民間凡有寃抑，干於自己，及官吏賣富差貧、

重科厚斂、巧取民財等事，許受害之人將實情自下而上陳告，毋得越訴。非干自己者，不許及假以建言爲由，坐家實封者，前件如已依法陳告，當該府、州、縣、布政司、按察司不爲受理。及聽斷不公，仍前冤枉者，方許赴京伸訴。

江西、兩浙、江東人民多有事不干己代人陳告者，今後如有此等之人，治以重罪。若果隣近親戚人民全家被人殘害，無人伸訴者，方許。

各處斷發充軍及安置人數，不許建言。其所管衛所官員，毋得容許。

若十惡之事、有干朝政，實迹可驗者，許諸人密竊赴京面奏。

明世宗敬一箴

人有此心，萬理咸具。體而行之，惟德是據。敬焉一焉，所當先務。匪一弗純，匪敬弗聚。元后奉天，長此萬夫。發政施仁，期保鴻圖。敬怠純駁，應驗頓殊。徵諸天人，如鼓荅桴。朕荷天眷，爲民之主。德或不類，以爲大懼。惟敬惟一，執之甚固。畏天勤民，不遑寧處。曰敬惟何，怠荒必除。郊則恭敬，廟嚴孝趨。肅於明廷，懼於

閑居。省躬察咎，儆戒無虞。曰一惟何，純乎天理。弗參以三，或貳以二。行顧其言，終如其始。静虚無欲，日新不已。聖賢法言，備見諸經。我其究之，擇善必精。左右輔弼，貴乎忠貞。我其任之，鑒别必明。斯之謂一，斯之謂敬。君德既修，萬邦則正。天親民懷，永延厥慶。光前垂後，綿衍蕃盛。咨爾諸侯，卿與大夫，以至士庶，一遵斯謨。主敬協一，罔敢或渝。以保禄位，以完其軀。古有盤銘，目接心警。湯敬日躋，一德受命。朕爲斯箴，拳拳希聖。庶幾湯孫，底於嘉靖。嘉靖五年六月二十一日。

順天府學學田碑陰

本府劉尹共捐助銀二百一十兩。

學院霍捐助銀一百兩。

本府士紳朱明時等共助銀四百三十五兩三錢五分。

本府劉尹用價銀四百八十六兩，買到生員孫承祖菜園畦地五千三百六十個，葦地一段，共計地一頃二十畝。内井四眼，柳三株，土房三間，坐東直門外三里屯鬼王廟東，三面至道，東至鎮遠

侯地。四至俱有立石。每年收租銀四十八兩六錢。每年交納金吾左衛糧草銀二兩五錢六分。

本府劉尹用價一百五十六兩，續買到生員于繼鯨地二段，共計四十二畝。大路東一段，計地二十畝，井二眼，柳二株，瓦房四間。大路西地一段，計二十二畝，坐落宣武門外地方，天寶宫西南，四至俱有本學立石。每年春夏季，取租銀二十兩。

學院霍發銀一百兩，買到生員王國弼旱地六十畝。坐落東直門外豆各莊東，四至有本學立石。每年春秋，收租銀十二兩。

本府劉尹批準本學貧生果係薪水不給者，查實，一人量給銀三錢。不許書役影冒濫支。

貧生父母故不能舉葬者，掌印學師查實，取供給銀二兩。

貧生身故不能舉葬者，掌印學師查實，取供給銀二兩。

每年月考，不能自備供給者，學師量取年例餘租支給。歲終類數申報。

本學所貯祭器：

侯地。四至俱有立石。每年收租銀四十八兩六錢。每年交納金吾左衛糧草銀二兩五錢六分。

本府劉尹用價一百五十六兩，續買到生員于繼鯨地二段，共計四十二畝。大路東一段，計地二十畝，井一眼，柳一株，瓦房四間。大路西地一段，計二十二畝，坐落宣武門外地方，天寶宮西南，四至俱有本學立石。每年春夏季，取租銀二十兩。

學院霍發銀一百兩，買到生員王國鴻旱地六十畝，坐落東直門外豆各莊東，四至有本學立石。每年春秋，收租銀十二兩。

本府劉尹批准本學貧生果係薪水不給者，查實，一人量給銀三錢。不許書役影冒濫支。

貧生父母故不能舉葬者，掌印學師查實，取供給銀二兩。

貧生身故不能舉葬者，掌印學師查實，取供給銀二兩。

每年月終，不能自備供給者，學師量取年例餘租支給。歲終繳數申報。

本學所貯祭器：

紅錢絹神帳一頂　錫酒罇一個
木豆八十個　鐵紙爐一個
小銅爵三十個　竹籩一百八十個
木帛匣十個
以上祭器，鼎革後俱無存。
樂器：
鐘十口　磬十口
琴二張琴桌二張。　瑟二張
簫二管　笛二管
塤二個　篪二管
龍笛三十六管　柷斗一座
笙二攢　脖腹鼓一面
大鼓十面　旄旛一杆
以上樂器，鼎革後俱無存。
書籍：
大方《四書大全》四部
《易經大全》一部計三套　《易經閔注》一部
《書經大全》一部計三套　《書經閔注》一部
《詩經大全》一部計四套　《詩經閔注》一部
《春秋大全》一部計四套　《春秋閔注》一部

《禮記大全》一部計四套　《禮記閔注》一部
《性理大全》一部計八套　《八大家文鈔》一部計十二套。
《資治綱鑑大全》一部計八套
《大清律》一部
舊貯書籍，年久散軼。康熙九年，督學蔣超復購，貯學中。
公用器物：
圍屏一架　公座七副
公用桌十五張　公用椅十把
紅錢絹幃褥二副　青布幃褥七副

錫硃盒八副　木祝板五座
磁香爐四個　大竪櫃一張
紅板箱一個　條桌二張
條凳二根
以上公器，鼎革後俱無存。

武學

制於明朝，屬兵部。應考者，係錦衣等七十八衛所，其鄉試，爲京衛武舉，獨爲一榜。自我朝康熙三年，奉旨歸并順天矣。學宫與禄米倉鄰，教授一員，訓導一員，有四齋，曰居仁、曰由義、曰

崇禮、曰弘智。齋各一長，凡遇考試，令其保結。

良鄉縣

儒學在縣東南，明洪武五年建。正統十二年重修以來，迄今廟殿齋廡、各門各祠大概粗備。康熙二十三年，復行修葺云。

固安縣

儒學在縣治東，明洪武三年建，八年增修。成化九年，教諭郁珍疏請移建，制度一新。後相繼修葺，益雅稱之。凡公署、祭器暨諸書史典籍無不備。崇禎三年，知縣秦士奇創浚二井，引泉入泮池，源源不竭。迄今依然，士子歡欣進取。

永清縣

儒學舊在縣治西南。元壽昌元年〔注一〕，前啜里軍都押司官蕭蔭八建。明洪武六年，知縣盛本初重修。永樂六年，知縣王居敬復修。成化四年，被河水傾倒，教諭馬文、生員趙亮等奏準，遷於縣治南，知縣許健創修迄今。國朝順治十四年，知縣丁楝重修。康熙九年，知縣連應鄭復葺。十五年，知縣萬一鼒修建殿廡、牌坊、星門。二十三年，備確修理，煥然一新。

〔注一〕「壽昌」非元代年號，係遼道宗年號，有誤。

東安縣

儒學在縣治西，唐開元建。元中統四年，改縣爲州，升爲州學。至正二十三年，因渾河水患，移於州治東。明洪武二年，又改州爲縣，遂爲縣學。三年，復以水患，隨縣遷於張李店，即今學也。宣德五年重修。天順七年重修。舊先師有塑像，嘉靖十年承制，易以木主，改稱至聖先師孔子神位，撤像。祭文知縣韓襄所作，有「德出帝王上，固不假爵而榮；神與造化游，亦不依形而立」之句。隆慶五年，知縣王邦直重修啓聖祠及兩廡。康熙十三年，教諭王夢明捐俸改修，每廡五間。訓導馬元調捐俸修戟門，兼修築屏壁於舊泮池前。迄今觀瞻奕奕。

香河縣

儒學在縣治東，明洪武四年建。正統元年重修。萬曆二十一年重修。康熙三年，復爲重修，煥然廟貌，迄今整固。

通州

儒學在州治西，元大德二年，知州趙居禮建。明永樂十四年重修。正統、成化年重修。弘治年

〔康熙〕順天府志　卷八三

東安縣

修建櫺星門。迨我國朝，歷久頹廢。康熙十一年，悉更新之。康熙十八年，地震，倒塌幾盡。二十三年，逐一修葺，規模復整。

三河縣

儒學在縣治西南，金泰和間建。明宣德元年重修，迄今。康熙十三年又重修，落成。康熙十八年地震，盡倒。二十三年，復行修葺，依然舊觀。

武清縣

儒學舊在白河西丘家莊。明洪武初，因水患，遷於縣治之東北隅，即元帥府家廟也。嘉靖十六年，改遷於縣治之南。隆慶三年，重建文廟。萬曆二年，遷明倫堂於文廟之西北。九年，增修壯麗。十二年，戟門前修一泮池，益顯規模。歷今康熙九年，本邑都諫垣趙之符、教諭李衷繡、貢生李可楨共新堂祠樓門。十二年，知縣鄧欽楨捐俸入，重修聚魁樓。迄今不改，鉅觀焉。

寶坻縣

儒學在縣治東北隅，元至正二年創。十年重修。明洪武、成化、弘治、嘉靖以下，節修不一。

及我國朝四十年來，踵而葺之，規模日整。今康熙二十三年，復加綢繆，瞻仰仍肅。

涿州

儒學在州治西南，創於唐建中間。金、元因之。明洪武初更新之。歲久浸敝，知州朱巽、張遜相繼修葺。嗣是而後，重修者不一，歷今稱巍煥焉。社學在州治南，成化間知州張遜建。歷今順治庚子，又修之。

房山縣

儒學在縣治東南儒林坊，創於元僉徽政院弭

禮。嗣是重修者不一，皆存碑記。至明洪武十五年重修。隆慶庚午修，更恢弘。及我國朝順治年間，重修啓聖祠，并西廡。康熙甲辰，悉撤舊重新，次第煥然。今康熙二十三年，又重新之，昔之煥然復煥云。

社學在北大街，今安置防兵。

薊州

儒學在州西北，自唐以來，原有舊址，至金始崇其堂宇。元至順、至元間，相繼修葺。至正間，益增大之。明洪武初重建。正統九年重修。迄

今聊存大概。今康熙二十三年，備加葺理，頓爾改觀。

社學十三處，今廢。

玉田縣

儒學在縣治西，遼乾統年建。明洪武初重建。景泰五年重修。嘉靖十一年，移於西關廂。二十九年，督學御史阮鶚移於城内，以舊玉陽觀爲之。萬曆六年，知縣胡兆麒稍遷而東，改創大成殿、東西廡，前爲戟門。壬午，知縣張偉增修欞星門。迨後屢經兵燹，概就頹圮。康熙四年、十年相繼修舉，迄今猶甚堅固。

平谷縣

儒學在縣治南，建於元至元間。明洪武十三年重建。成化五年重修。嘉靖二年、四十年相繼重修。歷今只存遺址矣。康熙二十三年，全舉而修之，觀瞻始整。

遵化州

儒學在縣治西南，金正隆三年創建。明萬曆二十一年重修。崇禎間延至國初，僅存先師一殿。順治四年、十二年，相繼修之。康熙二年、三

殿。順治四年、十二年，相繼修之。康熙二年、三
二十一年重修。崇禎間延至國初，僅存先師一
儒學在縣治西南，金正隆三年創建。明萬曆
遵化州
修之。觀瞻始整。
重修。歷今只存遺址矣。康熙二十三年，仝舉而
年重建。成化五年重修。嘉靖二年、四十年相繼
儒學在縣治南，建於元至元間。明洪武十三
平谷縣
年相繼修葺，迄今漸其堅固。

星門。迨後屢經兵燹，概就頽圮。康熙四年，十
成殿，東西廡，前爲戟門。壬午，知縣張偉增修櫺
爲之。萬曆六年，知縣胡兆麒稍遷而東，改創大
二十九年，御史阮鶚移於城內，以舊王陽觀
建。景泰五年重修。嘉靖十一年，移於西關廂
儒學在縣治西，遼乾統年建。明洪武初重
王田縣
社學十三處，今廢。
改觀。
今聊存大概。今康熙二十三年，備加葺理，煥然

年、八年、十一年、十二年、十七年，又累修之。規模迄今整齊云。

豐潤縣

儒學在縣治東南，金大定二十七年建。元至元十二年修。明洪武初重修。永樂十二年，縣令鄧志，正統六年，縣令吴昌，相繼修葺。弘治十六年，縣令靳瑄鄙其狹陋，易民基，以恢宏之。自後零星頹廢，豐人士能無三致慨焉。逌明末備修以來，迄今尚皆堅固。

社學在文學東。

昌平州

儒學在州治東，元時爲昌平縣學。明正德三年，始升州學。歷至國朝，順治十四年修之。康熙三年、十一年又叠修之。規模大備，焕然异昔。迄今甚壯觀瞻。

順義縣

儒學在縣治西南，創自金、元。明洪武八年重修。歷寖傾圮，聊存舊址。今康熙二十三年，細加整理，氣象一新。